The Wheels
Колелата

The Friendship Race
Приятелско състезание

Inna Nusinsky
Illustrated by Michael Jay Roque

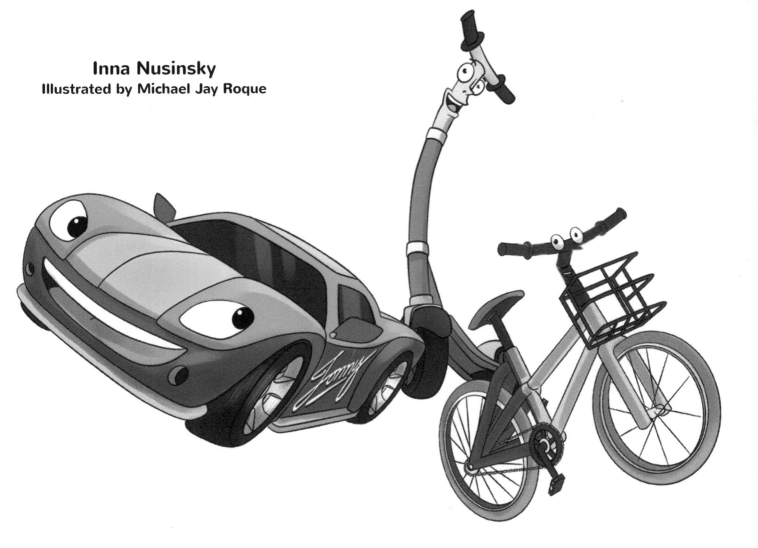

www.kidkiddos.com

Copyright©2015 by S. A. Publishing ©2017 by KidKiddos Books Ltd.

support@kidkiddos.com

Translated from English by Adriana Nesheva
Превод от английски: Адриана Нешева

Library and Archives Canada Cataloguing in Publication Data
The Wheels: The Friendship race (English Bulgarian Bilingual Edition)
ISBN: 978-1-5259-3347-9 paperback
ISBN: 978-1-5259-3348-6 hardcover
ISBN: 978-1-5259-3346-2 eBook

Please note that the Bulgarian and English versions of the story have been written to be as close as possible. However, in some cases they differ in order to accommodate nuances and fluidity of each language.

Jonny the car looked at himself in the shop window. How handsome he was! And what speed – he could beat even race cars!

Джони колата се огледа във витрината. Колко красив беше! И каква скорост - можеше да победи дори състезателни коли!

"I'm the pride of the neighborhood," he yelled.

- Гордостта на квартала съм - провикна се той.

Just then, two braking sounds broke his daydream.

Точно тогава звук от спирачки наруши мечтанията му.

There were his friends: Mike the bike and Scott the scooter.

Там бяха приятелите му: Майк мотора и Скот скутера.

"Hey Jonny!" his friends said. "What's up?"

- Хей, Джони! - казаха приятелите му. - Какво става?

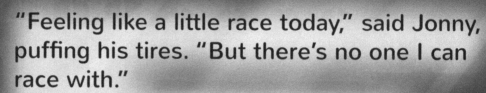

"Feeling like a little race today," said Jonny, puffing his tires. "But there's no one I can race with."
- Иска ми се да направя едно малко състезание днес, каза Джони, като изду гумите си. - Но няма с кого да се състезавам.

"We can race with you!" said Mike with excitement.
- Ние можем да се състезаваме с теб! - каза Майк с вълнение.

"That's what friends are for!" added Scott.
- За това са приятелите! - добави Скот.

Jonny didn't show much enthusiasm. "Mmm...
A champion needs an equal to compete with."
Джони не прояви голям ентусиазъм.
- Мм. Един шампион се нуждае от равен, с който да се състезава.

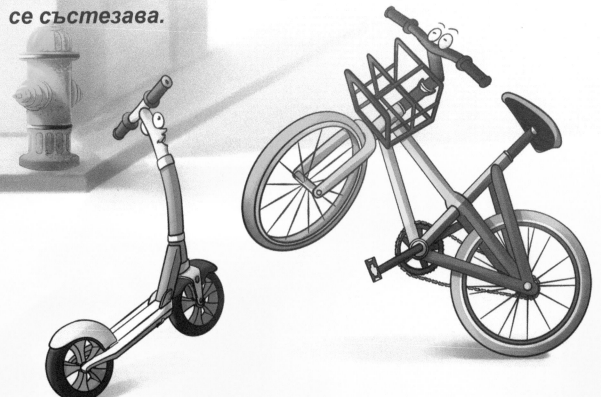

Mike and Scott looked at each other.
Майк и Скот се спогледаха.

"Are we not good?" asked Mike.
- Не сме ли добри? - попита Майк.

"Oh, you're good," Jonny made a face in the glass window. "But not good enough."
- О, добри сте - Джони направи гримаса в стъкления прозорец. - Но не достатъчно добри.

"Okay, Jonny," said Scott. "We challenge you to a race right now! Let's do Hill Road and see who finishes first."
- Добре, Джони - каза Скот. - Предизвикваме те на състезание в момента! Нека се състезаваме по пътя Хил Роуд и да видим кой ще финишира първи.

Jonny considered it with a smirk.
Джони се замисли със самодоволна усмивка.

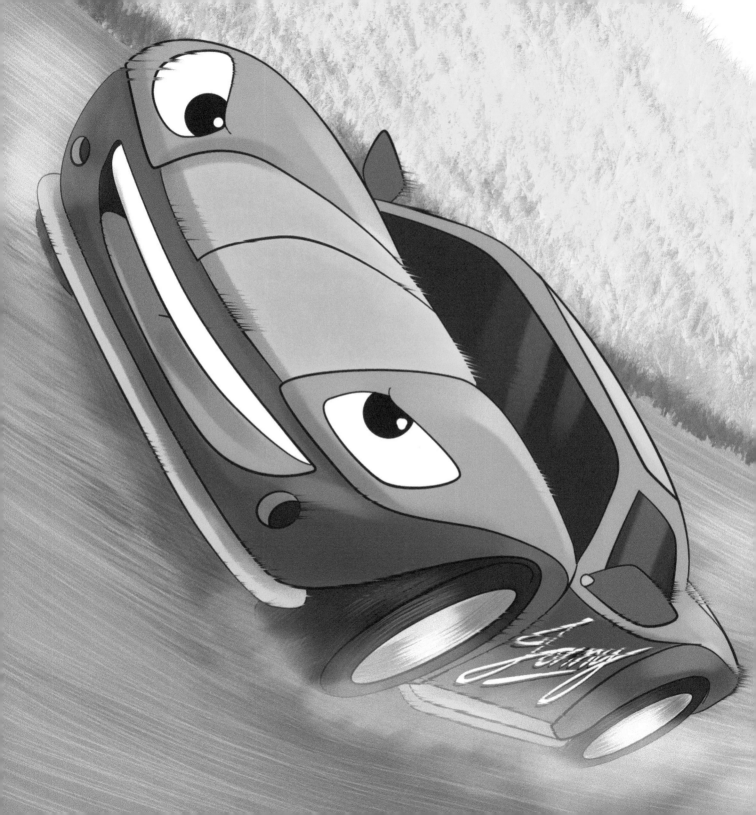

As they reached Hill Road, the race began.
Когато стигнаха до Хил Роуд, състезанието започна.

It started with a steep climb. Jonny roared and in seconds was over the incline.
Започна със стръмно изкачване. Джони изрева и след секунди бе преодолял наклона.

Mike the bike was already half way... But poor Scott the scooter was huffing and puffing, slowly climbing up.
Майк мотора вече беше на половината път ... Но горкият Скот скутера ръмжеше и пуфтеше, докато бавно се изкачваше нагоре.

Jonny reached the hill and stopped. He looked at the rearview mirror – his friends were far behind.

Джони се качи на хълма и спря. Погледна в огледалото за обратно виждане - приятелите му бяха далеч.

He was bored. At least the music on the radio was good! He closed his eyes and started moving to the beat.

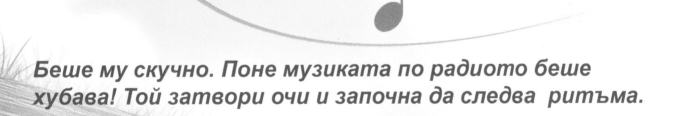

Беше му скучно. Поне музиката по радиото беше хубава! Той затвори очи и започна да следва ритъма.

Suddenly, something whirred past him. There was only smoke. Mike?

Изведнъж нещо профуча, тракайки, покрай него. Имаше само дим. Майк?

Before he could say a word something else went by. Jonny looked through the disappearing smoke—that was Scott!

Преди да успее да каже и дума, мина нещо друго. Джони погледна през изчезващия дим - това беше Скот!

No way! Now he panicked. He should win!

Как така! Сега той изпадна в паника. Той трябва да спечели!

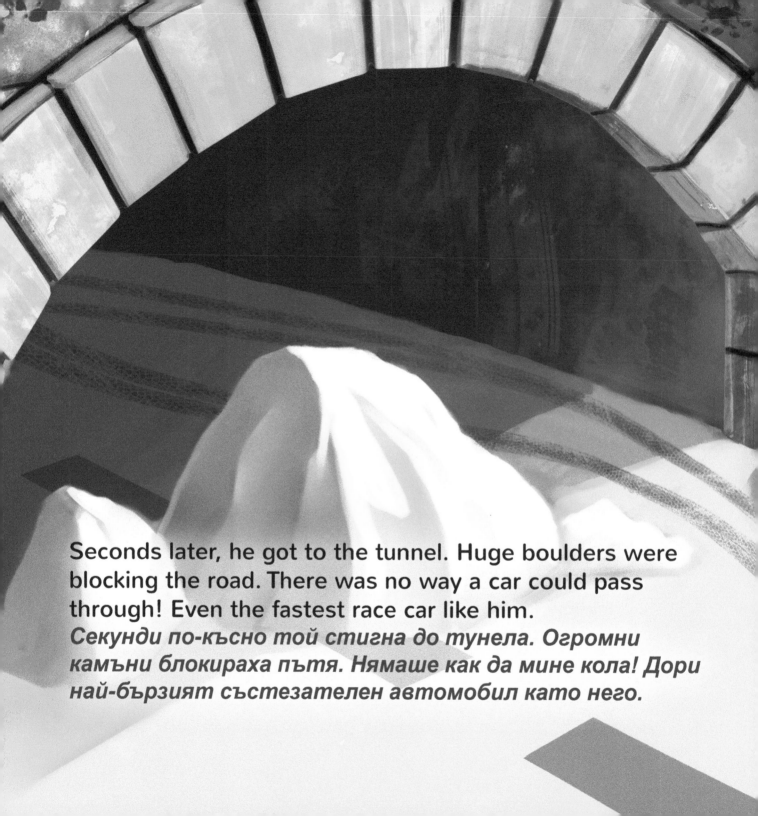

Seconds later, he got to the tunnel. Huge boulders were blocking the road. There was no way a car could pass through! Even the fastest race car like him.

Секунди по-късно той стигна до тунела. Огромни камъни блокираха пътя. Нямаше как да мине кола! Дори най-бързият състезателен автомобил като него.

But then, he saw the tire marks of both Mike and Scott. They had negotiated their way around the stone boulders! Jonny sighed.

Но след това видя следите на гумите и на Майк, и на Скот. Бяха успели да преминат между каменните блокове! Джони въздъхна.

Meanwhile, Mike came out on the other side of the tunnel. He was leading.

Междувременно Майк излезе от другата страна на тунела. Той водеше.

What kind of a win is that when your friends lose? he thought.
Каква победа е това, когато приятелите ти загубят? - си мислеше той.

In seconds, Scott was next to him.
След секунди Скот беше до него.

"Why did you stop, Mike?" he asked.
"You could've won the race!"
- Защо спря, Майк? - попита той.
- Можеше да спечелиш състезанието!

"Yeah but... Jonny could be stuck back there...." said Mike, looking towards the tunnel.
- Да, но ... Джони може би е заседнал там... - каза Майк и погледна към тунела.

A moment of silence passed by.
Мина миг мълчание.

"Shall we go to check up him?" Scott asked.
- Да отидем ли да го проверим? - попита Скот.

A smile formed on Mike's face. "Let's go!" he yelled and turned back.
На лицето на Майк се появи усмивка.
- Да вървим! - провикна се той и се обърна назад.

At the blocked tunnel, Jonny was sad. Not because he was losing the race but because he was lonely.

Пред блокирания тунел Джони беше тъжен. Не защото губеше състезанието, а защото беше самотен.

Suddenly — sound of wheels. Those were Scott and Mike!

Изведнъж - звук на колела. Това бяха Скот и Майк!

"Mike, let's move these boulders so Jonny can pass," said Scott.
- Майк, нека да преместим тези камъни, за да може Джони да премине - каза Скот.

The friends started to work together, pushing the rocks out of the way.
Приятелите започнаха да работят заедно, избутвайки камъните от пътя.

It wasn't easy, but they nudged and nudged and soon there was enough space for Jonny to squeeze through. *Не беше лесно, но те натискаха и натискаха и скоро се освободи достатъчно място, за да може Джони да се промъкне.*

Giggling, they reached the end of Hill Road.
Смеейки се, те стигнаха до края на Хил Роуд.

"We've won the race—all of us!" exclaimed Mike and Scott.
- Спечелихме надпреварата - всички ние! - възкликнаха Майк и Скот.

Only Jonny was quiet. "I behaved badly with you," he admitted. "I realized it late, guys that together we can do much more. Thank you, my friends, for helping me understand that!"

Само Джони беше тих.

- Държах се зле с вас - призна той. - Осъзнах късно, момчета, че заедно можем да направим много повече. Благодаря ви, приятели, че ми помогнахте да разбера това!

Suddenly, there was applause, cheering for this wonderful bunch of three terrific friends...
Изведнъж заваляха аплодисменти за тези трима страхотни приятели ...

Friends who discovered that none of them was as good as all of them.

Приятели, които откриха, че никой от тях не е толкова добър, колкото тримата заедно.